Tetsche's Grüße
Trotz alledem

Texte, die man sich schenken kann
von
Kristiane Ballert-Pyrowitz

mit Illustrationen von
Swami Phreed und Tetsche
sowie einem Vorwort
von

Elefanten Press

1. Auflage 28.8.84
2. Auflage 29.8.84
3. Auflage 1.9.84
4.-8. Auflage 2.9.-6.9.84
9. Auflage 7.9.84
10.-18. Auflage 8.9.84
19. Auflage: Papier besorgen
20.-27. Auflage: drucken, drucken
28. Auflage 26.9.84, 11.58 h
29.-30. Auflage 26.9.84, 14.02 h
31. Auflage 27.9.84

Illustrationen: Tetsche
Layout: Swami Phreed
Kooperation: Madeleine, Pit und ich
Rotwein: Swami Kuno
ISBN 3-88520-150-X

VORWORT

Gedichte waren für mich stets ein Greuel. Entweder haben sie mich an Verse erinnert, oder ich hatte kein Empfinden dafür. Und dann flatterten mir eines Tages die Texte, die man sich schenken kann, von Kristiane Ballert-Pyrowitz ins Haus. Das war's! Das verstehe ich unter Gedichten! Genau beobachtet und treffend formuliert, anregend für Kopf und Bauch und trotz alledem auch noch wunderwunderschön. Doch am wichtigsten für mich ist noch immer, daß diese Gedichte in ihrer Aussage für jeden verständlich sind, auch für Leute wie mich. Etwas möchte ich noch erwähnen: Seit geraumer Zeit sind, angespornt durch Kristianes Riesenerfolg, eine Menge Plagiate im Umlauf, und es scheinen immer mehr zu werden. Drum: Augen auf beim Bücherkauf! Nur echt, wenn man sich die Texte schenken kann.

Berlin, im August 1984 *Tom Fecht*

Kristiane Ballert-Pyrowitz

KEIN VORWORT

Ich möchte kein Vorwort schreiben, nur eines vorweg:

Es ist mein Herzenswunsch, daß die Leser, die mit den Texten nichts anfangen und sie nachvollziehen können, es dabei belassen, zustimmend zu nicken, und daß sie nichts tun — da, wo sie meinen, es sei notwendig.

An dieser Stelle möchte ich auch all den reinen Handarbeitern, Müllarbeitern, den Reisenden, mit denen ich gesprochen habe, meinem Glasperlenspiel, einer frühen Liebe, meinen eigenen vier Wänden, dem Wartezimmer Menschheit, meinem Einkaufsnetz, den Großreinemachern und all den Schatzsuchern auf Lebenszeit dafür danken, daß sie das Erscheinen dieses Buches ermöglicht haben.

Kristiane Allert-Wybranietz

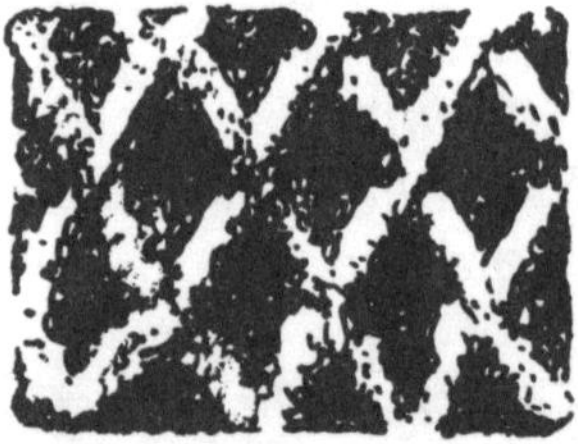

LOGO (FÜR KRISTIANE DU WEISST SCHON WEN ICH MEINE)

Der
Mensch
ist
anundfürsich
Bruch …

die
meisten
haben
einen
an der Waffel.

HAMMER I (DU WEISST SCHON WIE ICH'S MEINE)

Jeder
ist ein Hammer.

Nur viele
haben Angst
zuzuschlagen.

IM STRASSENGRABEN

Ich weiß nicht,
ob es Spaß war
oder nur Ernst,
als du fragtest,
ob ich ein Bund
Radieschen sei.

Als ich verneinte,
hab ich
nicht gelogen,
obwohl ich,
weiß Gott,
unheimlich scharf war.

NIX WIE WEG

Ich höre
Vögel zwitschern,
Bienen summen,
Zweige knacken,
Grizzlys brummen.

Nix wie weg.

BEZIEHUNGEN I

Es gibt Beziehungen,
die sind wie
unschuldige, zarte
Frühlingslämmer.

Hast du
schon mal versucht,
ein Frühlingslamm
zu pressen??
Es verliert
Farbe und Form,
wird ausdruckslos
und trocken.

BEZIEHUNGEN II

Und es gibt
Beziehungen,
die sind wie
Fünf-Mark-Stücke.

Fünf-Mark-Stücke
halten sich
auch im Winter,
und wenn man sie
richtig betrachtet,
sind sie wunderschön,
eine runde Sache
und echt was wert.

HAMMER II

Jeder ist
eine Zahnbürste,
vauborstig
bei der Geburt.

Nur zu viele
haben sich
benutzen lassen
von den Putzern
und Schleifern,
den Schmirglern
und Reibern.

Sie bürsten nicht mehr.

EINSAMKEIT (POSITIV)

Tu ich
mir einen Wein
rein ...

was soll
daran gemein
sein?

GEDANKEN ZUR SCHEUE

Scheue Liebe
ist wie
Pulverkaffee,
der mit Selter
und Seife
angerührt wird ...

stark,
prickelnd
und rein.

Aber dennoch
unberührt.

MIT LOGIK
IST HIER
NIX ZU MACHEN

Ich sitze
auf meinem Kissen
und komme.

ISSES DAS?

Spüren,
daß jedes Glas
überflüssig ist,
und doch
saufen
wie ein Loch ...

das isses.

PSYCHOSOMATISCH ERKRANKT ODER WARTEN HINTERM BRIEFSCHLITZ

Wenn du gestern schon
irre Muffe hattest,
das Heute
nicht zu raffen ...

wie willst du morgen
das Gestern packen,
wenn heute
schon alles
gelaufen ist!?

FRÜHJAHRSPUTZ (DU WEISST SCHON WAS ICH MEINE)

Du bist das Kehr
und ich
das Blech ...

laß uns
gemeinsam
fegen.

LIEBESGEDICHT (FÜR Q.)

Sei du
im Sturm
mein Segel.
Treib du
mich ruhig
fort.

LOSLASSEN

Wir wollten uns
nie wieder
loslassen,
als wir einander
umarmten.

Und doch
lösten wir
Hände, Lippen, etc.

Aber das etc. ...

Mein lieber Schwan!!

AN EINEN TISCHLER

*Irritiert
fühl ich mich dann,
wenn ich
eine Hand suche
und nur
vier Finger
finde.*

JETZT
ERST RECHT

Nie wieder
sag ich
nie wieder,
denn
nie wieder
nie wieder
sagen,
ist wie
nie wieder
nie wieder
sagen.

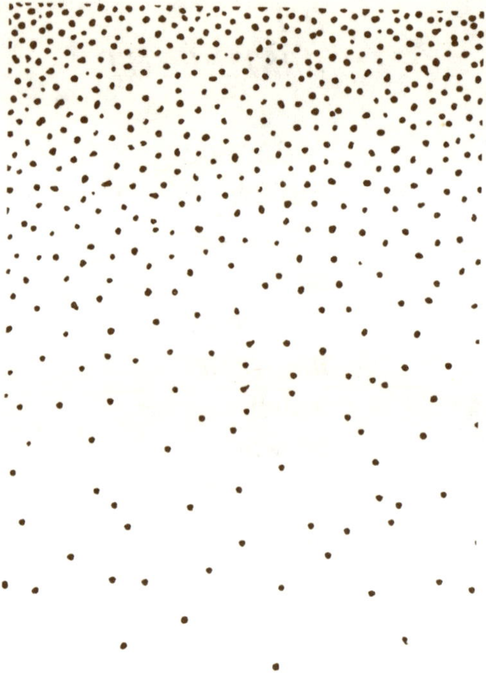

FÜR MICH (ICH WEISS SCHON WEN ICH MEINE)

Jetzt noch
pünktlich sein …

ist
sowieso
zu spät.

EINSAMKEIT NEGATIV

Naserümpfstinkbombenstimmung,
viele Menschen laufen
hektisch durcheinander
allein
inmitten vieler.

TU ES

Wenn dich
die Taubheit beutelt,
so hör
erst gar nicht
hin.

QUITTUNG

Was mir
geblieben ist,
sind Erinnerungen
unserer
gemeinsamen
Essen.

Jetzt,
glaube ich,
wird mir übel.

ES STINKT ZUM HIMMEL

Da werde ich
— vielleicht —
eines Tages
130 oder 140
Jahre alt sein,
und habe
mein Leben lang
nichts weiter getan,
als nur Knoblauch
gegessen.

FARBLEHRE II

In das Grün
der saftigen Wiesen
bringt sich satt
das Gelb
des Rapses ein ...

welch ein Blau!

AB GEHT DIE POST (TRILOGIE FÜR MEINEN BRIEFTRÄGER)

Zwo …

drei …

vier!!

PSYCHOSOMATISCH ERKRANKT II ODER LEBENSANGST IM OBERSTÜBCHEN (FÜR TARZAN)

Ein Mann
springt munter
zwischen
Palmen umher.
Das ist seine Welt,
sie ist ihm
vertraut ...

Tatütata — Tatütata

GETROFFEN

Kraftvoll
wie ein
Elch
tratest Du
in mein Leben ...

ich
hörte
alle
Engel
singen.

VOREILIGE DEPRESSION

Schade ...

nun hab ich
ja doch
sechs Richtige.

GEDANKEN ZUR EHE

Wenn eine Frau
ihren Freund,
ein Mann
seine Freundin
heiratet,
kommt es oft dahin,
daß ein Freund
seine Frau
und seine Freundin
ihren Mann
heiratet.

ZU SPÄT ODER SCHWIMMWESTE MIT STEUERMANN

Ich habe mich
an allem möglichen
orientiert —
nur nicht
am Kompaß.

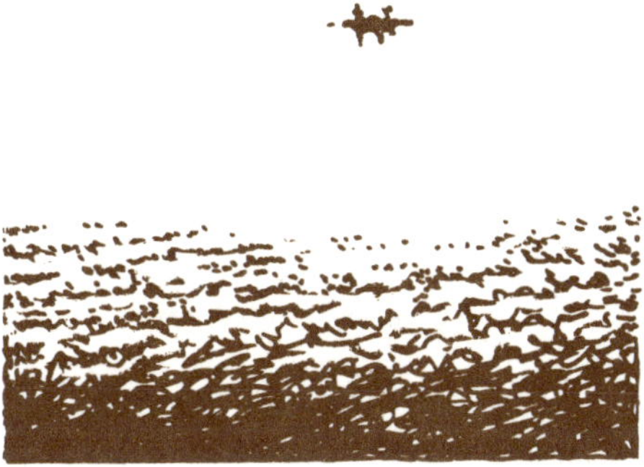

GÖNN DIR WAS

Halte
die Körnchen
nicht nur
im Händchen;
tu sie
ins Schlündchen.

MULCH (NEGATIV)

Du hast mich
angesprungen
wie ein Rasenmäher.

Hast mich getrimmt,
gemulcht
und kurzgehalten.

Doch
jetzt ist
Sense.

ÜBER DIE GEFÜHLE (FÜR K.)

Man kann
sie nicht sehen,
nicht halten,
nicht loten,
nicht fassen,
nicht wiegen,
nicht messen ...

Doch ... doch!
Bei Kurt,
da geht's!!

FORT IST

Manchmal
hält man
mit all seiner Kraft
an der Ampel fest,
ohne wahrhaben
zu wollen,
daß das Rot
längst schon
fort ist.

HOFFEN (FÜR WERNER DU WEISST SCHON)

Du bist zur Zeit
ein leerer Schlauch
in meinem Garten.
Und doch fühle ich,
daß wir eines Tages
wieder gemeinsam
spritzen werden.

VERABREDUNG

Du kommst
mit deiner,
ich komm
mit meiner.

Da stehen
wir nun
und alles
ist gut.

Und wenn du gehst,
nimmst du deine
und ich
wieder meine.

LOGO II

Jeder ist
ein Wäschepuff.

Nur viele
haben Angst,
sich zu öffnen.

PUTT

Ein Laden
ist zersplittert,
ein Elefant
findet nicht den Weg
durch unsre Porzellanwelt.

(Zu diesem Text
möchte ich anmerken,
daß ich nicht nur
von Rosenthal spreche,
sondern auch an
Wedgwood, Meißener,
Hutschenreuther
usw. denke.)

TROTZ ALLEDEM

Jeder ist ein Lolli,
ausgelutscht
an seinem Ende.

Kristiane Ballert-Pyrowitz
Jahrgang 1955, lebt in Unternkirchen (Talweg 55, 3062 Unternkirchen). Sie hat bisher in verschiedenen Zeitungen veröffentlicht. Gleich darauf erschien ihr Bestseller »Tetsche's Grüße. Trotz alledem. Texte, die man sich schenken kann« und wurde in der deutschen Lyrik-Szene zu einem bisher unerreichten Hammer.

Swami Phreed
Jahrgang 1946, lebt meistens mit sich selbst und Klaus-Wolfgang, der leider wieder schlossern muß, in Wohnhäusern.

Tetsche
Jahrgang 1964, lebt jeweils zu Hause, hat währenddessen ausgedehnte Studienreisen nach Göttingen unternommen und zeichnet seit 20 Jahren für den STERN.

Bücher
für eine bessere Welt

80 Seiten, 5 DM

96 Seiten, 5 DM

80 Seiten, 5 DM

Elefanten Press Verlag GmbH
Zossener Straße 32/1000 Berlin (West) 61